© 2011 do texto por Mônica Simas e Vera Lúcia Dias
© 2010 das ilustrações por Romont Willy
Callis Editora Ltda.
Todos os direitos reservados.
1ª edição, 2012
3ª reimpressão, 2017

Texto adequado às regras do novo Acordo Ortográfico da Língua Portuguesa

As músicas contidas nesta obra fazem parte do folclore brasileiro e são de domínio público

Coordenação editorial: Miriam Gabbai
Revisão: Ricardo N. Barreiros
Projeto gráfico e diagramação: Romont Willy e Thiago Nieri

CIP-BRASIL. CATALOGAÇÃO-NA-FONTE
SINDICATO NACIONAL DOS EDITORES DE LIVROS, RJ

S716b

Simas, Mônica, 1968-
    Brinquedos cantados / Mônica Simas, Vera Lúcia Dias ; ilustrações Romont Willy. - São Paulo : Callis Ed., 2012.
    36p.: il. ; 25 cm

    ISBN 978-85-7416-631-5

    1. Canções infantis - Texto. I. Dias, Vera Lúcia. II. Willy, Romont, 1973-. III. Título

11-5528.   CDD: 782.421582
                                                      CDU: 784.67
26.08.11   01.09.11   029226

ISBN 978-85-7416-631-5

2017
Distribuído por Brasil Franchising sob licença de
Callis Editora Ltda.
Av. Sagitário, 138 • 25º andar • Torre London • Alphaville
Barueri • SP • CEP 06473-073 • sac@cfcentral.com.br
© de acordo com a edição original
Impresso no Brasil

Mônica Simas | Vera Lúcia Dias

BRINQUEDOS CANTADOS

Ilustrações: **Romont Willy**

callis

Pirulito que bate, bate...

Procedência: Rio de Janeiro

Allegretto

Pi - ru - li - to que ba - te, ba - te; pi - ru - li - to que já ba - teu. Quem gos - ta de mim é e - la, quem gos - ta de - la sou eu.

1. Pirulito que bate, bate,
   Pirulito que já bateu...
   Quem gosta de mim é ela
   Quem gosta dela sou eu.

2. Pirulito que bate, bate,
   Pirulito que já bateu...
   Que importa você que eu bata
   Se eu bato no que é meu.

3. Tu me dizes que não, que não,
   Inda hás de vir a querer...
   Tanto bate água na pedra
   Que a faz amolecer.

Cada criança, cantando, fica de frente para o seu par. Batem as mãos na coxa, batem palmas uma vez e batem as mãos nas do seu par.

As crianças batem, frente a frente, as mãos direitas, batem palmas uma vez, batem as mãos esquerdas, batem palmas. Repetem esse movimento até o final da quadra.

Repete-se os movimentos da primeira quadra.

Repete-se os movimentos da segunda quadra.

FORMAÇÃO: Roda; crianças, duas a duas, se defrontando, dispostas de lado para o centro da roda.

Sapo-cururu

Procedência: Rio de Janeiro

Sa - po - cu - ru - ru   na bei - ra do ri - o.   Quan-do_o sa - po gri - ta, ó ma - ni - nha, diz que_es - tá com fri - o.

1. Sapo-cururu
   Na beira do rio,
   Quando o sapo grita, ó maninha,
   Diz que está com frio.

2. A mulher do sapo
   Fica lá pra dentro
   Fazendo rendinha, ó maninha,
   Pro seu casamento!

3. Sapo-cururu
   Na beira do mar,
   Quando o sapo grita, ó maninha,
   Diz que quer casar!

A roda gira cantando e faz a mímica de acordo com a letra.

A roda gira cantando e faz a mímica de acordo com a letra.

As crianças gritam e os dois personagens se abraçam.

FORMAÇÃO: Roda; crianças de mãos dadas e duas crianças ao centro (o "sapo" e a "mulher do sapo").

A galinha do vizinho

Procedência: Caxambu, Minas Gerais

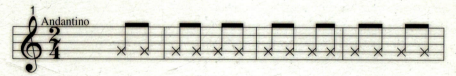

A ga - li - nha do vi - zi - nho bo - ta o vo a ma - re -

li - nho; bo - ta um, bo - ta dois, bo - ta três, bo - ta

qua - tro, bo - ta cin - co, bo - ta seis, bo - ta se - te, bo - ta

oi - to, bo - ta no - ve, bo - ta dez!

A galinha do vizinho
Bota ovo amarelinho.
Bota um, bota dois, bota três,
Bota quatro, bota cinco,
Bota seis, bota sete,
Bota oito, bota nove,
Bota dez!

A roda gira falando a letra em coro e para na palavra "nove".

Sem soltar as mãos, as crianças pulam e caem no chão. O último a cair sai da roda.

FORMAÇÃO: Roda; crianças de mãos dadas.

A linda rosa

Procedência: Rio de Janeiro

A lin - da ro - sa ju - ve - nil,
ju - ve - nil, ju - ve - nil. A lin - da ro - sa
ju - ve - nil, ju - ve - nil! Vi - sim.

1. A linda rosa juvenil,
   Juvenil, juvenil,
   A linda rosa juvenil, juvenil.

2. Vivia alegre no seu lar,
   No seu lar, no seu lar,
   Vivia alegre no seu lar, no seu lar.

3. Mas uma feiticeira má,
   Muito má, muito má,
   Mas uma feiticeira má, muito má.

4. Adormeceu a rosa assim,
   Bem assim, bem assim,
   Adormeceu a rosa assim, bem assim.

5. Não há de acordar jamais,
   Nunca mais, nunca mais,
   Não há de acordar jamais, nunca mais.

6. O tempo passou a correr,
   A correr, a correr,
   O tempo passou a correr, a correr.

7. E o mato cresceu ao redor,
   Ao redor, ao redor,
   E o mato cresceu ao redor, ao redor.

8. Um dia veio um belo rei,
   Belo rei, belo rei,
   Um dia veio um belo rei, belo rei.

9. Que despertou a rosa assim,
   Bem assim, bem assim,
   Que despertou a rosa assim, bem assim.

A roda gira cantando e a rosa dramatiza a letra. A "feiticeira" entra na roda e adormece a rosa.

A "feiticeira" canta sozinha e sai da roda. A roda gira acelerando o andamento.

A roda fecha em torno da rosa, todos erguem os braços e param. O rei entra na roda e acorda a rosa.

A roda bate palmas, acelerando o andamento, enquanto o rei e a rosa dançam no centro.

FORMAÇÃO: Roda; uma criança no centro: "a rosa", duas fora: a "feiticeira" e o "rei" – e as outras de mãos dadas.

Pezinho

Estribilho:

1. Ai, bota aqui, ai bota ali
   O teu pezinho
   O teu pezinho bem juntinho
   Com o meu.

2. E depois não vá dizer
   Que você se arrependeu.

3. E no chegar desse teu corpo
   Um abraço quero eu.

4. Agora que estamos juntinhos,
   Dá cá um abraço e uns beijinhos

Os pares dão a mão direita e erguem os braços, adiantam a perna direita e movimentam o pé com o calcanhar no chão. Depois, com a mão e a perna esquerdas.

Os pares entrelaçam o braço direito e giram numa volta completa.

Param e cumprimentam-se com a cabeça. Idem lado esquerdo.

Movimentação igual à de cima e, no final, abraçam-se.

FORMAÇÃO: Duas fileiras que se defrontam; pares frente a frente.

Amanhã é domingo

Amanhã é domingo,
Pé de cachimbo;
O cachimbo é de barro,
Bate no jarro;
O jarro é fino,
Bate no sino;
O sino é de ouro,
Bate no touro;
O touro é valente,
Bate na gente;
A gente é fraco,
Cai no buraco;
O buraco é fundo,
Acabou-se o mundo!

As crianças saltitam na roda.

As crianças param de saltitar e abaixam-se.

FORMAÇÃO: Roda; crianças de mãos dadas.

Capelinha de melão

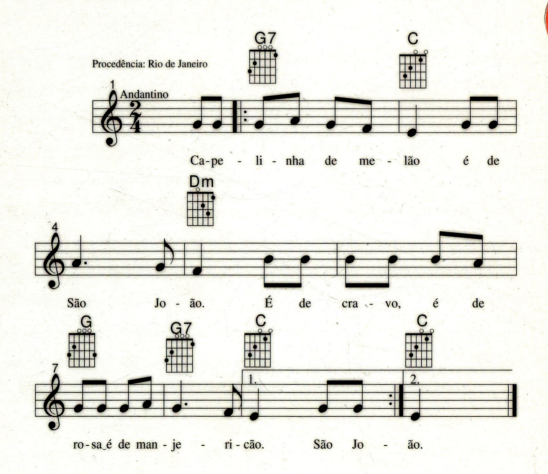

Procedência: Rio de Janeiro

Ca-pe - li - nha de me - lão é de São Jo - ão. É de cra - vo, é de ro-sa, é de man - je - ri - cão. São Jo - ão.

*A roda gira e para.
As crianças fazem a mímica
da letra da canção.*

1. Capelinha de melão
   É de São João!
   É de cravo, é de rosa,
   É de manjericão!

2. São João está dormindo,
   Não acorda, não!
   Acordai, acordai,
   Acordai, João!

FORMAÇÃO: *Roda; crianças de mãos dadas.*

1. Caranguejo não é peixe,
   Caranguejo peixe é;
   Caranguejo só é peixe
   Na vazante da maré.

2. Ora palma, palma, palma,
   Ora pé, pé, pé;
   Ora roda, roda, roda,
   Caranguejo peixe é.

A roda gira cantando e para ao final da quadra.

As crianças soltam as mãos, batem palmas,

batem os pés no chão...

e dão uma volta completa no lugar.

FORMAÇÃO: Roda; crianças de mãos dadas.

Ciranda, cirandinha

Procedência: Rio de Janeiro

Ci - ran - da, ci - ran - di - nha, va - mos to - dos ci - ran - dar; va - mos dar a mei - a vol - ta, vol - ta e mei - a va - mos dar. O a - bo - ra.

1. Ciranda, cirandinha
   Vamos todos cirandar.
   Vamos dar a meia-volta,
   Volta e meia vamos dar.

2. O anel que tu me deste
   Era vidro e se quebrou.
   O amor que tu me tinhas
   Era pouco e se acabou.

3. Por isso, D. (nome da pessoa)
   Entre dentro desta roda;
   Diga um verso bem bonito,
   Diga adeus e vá-se embora.

A roda gira cantando até o final da terceira quadra. Terminada essa quadra,

a roda para e a criança de fora entra na roda, recita um verso

e escolhe uma outra criança que irá ocupar o seu lugar.

FORMAÇÃO: Roda; uma criança fora e as outras de mãos dadas.

1. Fui no Tororó
   Beber água, não achei;
   Achei bela morena
   Que no Tororó deixei.

2. Aproveita, minha gente,
   Que uma noite não é nada,
   Se não dormir agora,
   Dormirá de madrugada.

3. Ó Mariazinha
   Ó Mariazinha
   Entra nesta roda,
   Ou ficará sozinha.

4. Sozinha eu não fico,
   Nem hei de ficar,
   Porque tenho (nome da pessoa)
   Para ser meu par.

5. Põe aqui o teu pezinho,
   Bem juntinho ao pé do meu;
   E depois não vá dizer,
   Que você se arrependeu.

6. Eu passei por uma porta,
   Um cachorro me mordeu;
   Não foi nada, não foi nada,
   Quem sentiu a dor fui eu!

A roda gira cantando e para ao final da terceira quadra.

A criança que foi citada entra na roda, canta sozinha e se coloca à frente de outra que ela escolher.

Todos cantam batendo palmas, enquanto as duas crianças dão as mãos e estendem o pé, como sugere a letra.

A roda continua batendo palmas enquanto as duas crianças saltitam. A criança escolhida irá ocupar o lugar da que estava no centro.

FORMAÇÃO: Roda; uma criança ao centro e as outras de mãos dadas.

Menina na chaminé

Eu vi a (nome da pessoa)
Na chaminé
Tão pequenina
Fazendo café.

Desce (nome da pessoa)
Da chaminé
Desce depressa
Senão quebra o pé.

É de chá, chá, chá!
É de chá, chá, chá!

Variante:
Eu vi três meninas
Na chaminé;
Tão pequeninas
Fazendo café!

É pirão sem sal,   } Bis
É bolinho de bacalhau!

A roda gira cantando e para ao final da segunda quadra. A criança do centro finge estar fazendo café.

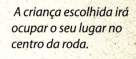

A roda bate palmas e a criança do centro aproxima-se de outra e, com as mãos na cintura, saltita.

A criança escolhida irá ocupar o seu lugar no centro da roda.

FORMAÇÃO: Roda; uma criança ao centro e as outras de mãos dadas.

A roda gira cantando. As crianças fazem a mímica da letra.

A roda parada bate palmas, enquanto o "Pai Francisco" entra na roda requebrando.

Depois para na frente de quem irá substituí-lo.

Pai Francisco entrou na roda
Tocando seu violão:
Dararão! Dão! Dão!
Veio de lá "seu" delegado
E Pai Francisco foi pra prisão.

Oh! Como ele vem
Todo requebrado,
Parece um boneco
Desengonçado!

FORMAÇÃO: Roda; uma criança fora (o "Pai Francisco") e as outras de mãos dadas.

Vai abóbora, vai melão

Vai abóbora, vai melão
Vai melão, vai melancia,
Faz doce, sinhá, faz doce, sinhá,
Faz doce de cocadinha.

Quem quiser aprender a dançar
Vai à casa do Juquinha
Ele pula, ele roda,
Ele faz requebradinha.

A roda gira e para.

As crianças fazem a mímica da letra.

FORMAÇÃO: Roda; crianças de mãos dadas.

Vamos passear no bosque

Procedência: Rio de Janeiro

Va-mos pas - se - ar no bos - que en - quan - to seu lo - bo não vem!

Estribilho:

Vamos passear no bosque
Enquanto "seu" Lobo não vem.

Todas falando:

"Seu" Lobo está aí?

Lobo:

Está.

Todas:

O que está fazendo?

Lobo

Tomando banho.

As crianças, cantando o estribilho, aproximam-se do "lobo".

As crianças param e falam, afastam-se alguns passos, retornam cantando o estribilho e assim por diante.

O "lobo" vai dizendo o que lhe ocorrer.

Quando estiver pronto, responde: "Saindo de casa!". Imediatamente corre atrás das crianças e aquela que for pega será o novo "lobo".

FORMAÇÃO: Crianças de mãos dadas. Uma afastada: o "lobo".

Bastidores

Nana Lopes, Gaelle Ambelakiotis, Amana Colares, Vera Lúcia Dias, Gabriela Bacanelli, Lia Frota e Arthur Bueno

Gabriela Bacanelli

Nana, Gaelle, Amana, Vera, Gabriela, Lia e Arthur se preparam para gravar

Vera, Gabriela, Lia e Arthur concentrados

Arthur Bueno em um intervalo da gravação

Mônica Simas durante a gravação

Mônica Simas e Cláudio Vinícius Fialho

A dupla Wilzy Carioca e Mônica Simas

Mônica Simas rege o coro

Wilzy Carioca e Mônica Simas durante a gravação

Cláudio Vinícius Fialho e
Daniel Baker no estúdio

Mônica Simas, Vera Lúcia Dias e
Cláudio Vinícius Fialho

Os flautistas Fernando Lopes
e Karla Dias

As autoras Vera Lúcia Dias e
Mônica Simas

Gilberto Larcher e a pequena Isabel

Créditos do CD

Concepção e projeto: Mônica Simas e Vera Lúcia Dias

Direção artística: Mônica Simas
Arranjos: Cláudio Vinícius Fialho e Daniel Baker
Programação: Cláudio Vinícius Fialho e Daniel Baker
Direção de estúdio: Cláudio Vinícius Fialho
Mixagem e masterização: Cláudio Vinícius Fialho – Sumutra, Brasília
Gravação: Estúdio Beco da Coruja – Brasília, DF – novembro de 2011
Técnico de gravação: Lautaro Wlasenkov
Partituras e cifras: Mônica Simas
Revisão musical: André Simas
Fotografia: Ivan Simas

Teclados: Daniel Baker
Flautas barrocas: Karla Dias e Fernando Lopes
Violões: Paulo Coração
Acordeom: Eugênio Matos
Kalimba, bansuri e viola caipira: Cláudio Vinícius Fialho
Coro: Amana Colares, Arthur Bueno, Gabriela Bacanelli, Gaelle Ambelakiotis, Lia Frota, Mônica Simas, Nana Lopes, Vera Lúcia Dias, Wilzy Carioca

VOZES
Pirulito que bate, bate... – Cláudio Vinícius Fialho e coro
Sapo-cururu – Gilberto Larcher; vocais: Mônica Simas e Cláudio Vinícius Fialho
A galinha do vizinho – coro
A linda rosa – Cláudio Vinícius Fialho, Gabriela Bacanelli, Lia Frota, Nana Lopes, Gaelle Ambelakiotis, Arthur Bueno, Amana Colares
Pezinho – Gilberto Larcher e Wilzy Carioca
Amanhã é domingo – coro
Capelinha de melão – Gilberto Larcher; vocais: Mônica Simas e Cláudio Vinícius Fialho
Caranguejo – Amana Colares e coro
Ciranda, cirandinha – Gabriela Bacanelli e coro
Fui no Tororó – Gilberto Larcher e Amana Colares
Menina na chaminé – coro
Pai Francisco – Cláudio Vinícius Fialho e coro
Vai abóbora, vai melão – Cláudio Vinícius Fialho e coro
Vamos passear no bosque – coro e Cláudio Vinícius Fialho

Agradecimentos: Tupiniquim Musical – Brasília

Este livro foi reimpresso, em primeira edição,
em março de 2017, em couché 150 g/m²,
com capa em cartão 250 g/m².